Schöne Vogelhäuser selber bauen

Schöne Vogelhäuser selber bauen

ANDREW NEWTON-COX
UND DEENA BEVERLEY

Bechtermünz Verlag

Gewidmet Jane Wilson

Deutsche Erstausgabe

Titel der Originalausgabe: Making Birdhouses
Übersetzung: Michael Holtmann, Bayreuth
Photographien: David Parmiter
Illustrationen: Lucinda Ganderton und Vana Haggerty
Gesamtherstellung: Donnelleys/Bright Sun
Printed in China
ISBN 3-86047-440-5

Inhalt

Einführung

Das Bauen von Vogelhäusern wird immer beliebter – und das weltweit. Das liegt wohl daran, daß man bei diesem Hobby aus beinahe jedem Material etwas Interessantes bauen und dabei gleichzeitig etwas Sinnvolles für die Natur tun kann.

Vogelhäuser können einfach, hübsch und phantasievoll gestaltet sein, ohne daß ihre hauptsächliche Funktion vernachlässigt wird. Wenn man die grundlegenden Anforderungen, was die Größe und die Stabilität angeht, erfüllt hat, ist es an jedem einzelnen, die äußere Gestaltung vorzunehmen. Die einzelnen Projekte, die in diesem Buch vorgestellt werden, sind schöne und praktische Lösungen, um Futter, Wasser und ein Dach den gefiederten Besucher anzubieten. Auch unbewohnte Vogelhäuser sind eine anmutige Dekoration für Innenräume wie auch für den Garten. Zunehmend beliebter wird es außerdem, Vogelhäuser zu sammeln. Wir hoffen, daß Sie die Gelegenheit ergreifen, ihr eigenes Familienerbstück zu schaffen.

Vom einfachsten Holzhäuschen bis hin zu umfassenderen Gebilden aus verschiedenen Stoffen – hier gibt es etwas für jeden Grad an Geschicklichkeit. So erstellt man etwas, das bleibenden Nutzen und Freude bringt für Vögel wie für Menschen.

Viel Spaß beim Vogelhaus-Basteln.

Ein Platz zum Nisten

Oben: Ein Haus im Stile eines Bienenkorbes, geflochten aus Weiden, ist ideal für kleinere Vögel und eine Zierde für den Garten.

Sogar in Gärten in der Stadt finden Vögel Winkel und Ritzen, in denen sie ihr Nest bauen können. Schon ein wenig Unterstützung dabei, indem man nämlich einen Nistkasten anbietet, gibt die Gewähr, daß Vögel hier brüten und Junge großziehen.

Nistkästen

Ein Nistkasten ist eine gute Möglichkeit, Vögel in den Garten zu locken. Neben den vielfältigen Gestaltungsvorschlägen gibt es in diesem Buch zusätzliche Tips von Fachorganisationen, wie man einfache, aber wirkungsvolle Kästen erstellt, sowie genaue Auskunft über verschiedenste Vogelarten und ihre Vorlieben.

Der richtige Ort

Es gibt in Ihrem Garten viele Stellen, die geeignete Nistplätze sind. So können Vögel in einem alten Schuppen nisten, dessen Tor ein wenig geöffnet bleibt, oder sie bauen ihr Nest in einer Dachrinne. Dicke Hecken, verfaulende Baumstämme, ungeschnittene Brombeersträucher und Baumstümpfe – sie alle sind mögliche Nistplätze. Stellen Sie jeden Kasten weit genug von allen Störungsquellen auf, in etwa 2 m Höhe auf eine Mauer oder befestigt an einen Baumstamm, und so, daß die Vorderfront abgewendet ist von der jeweiligen Hauptwind- und -regenrichtung, aber nicht Richtung Süden, da sonst die Sonne die Temperatur für die Eier und die Küken innen zu sehr aufheizt. Stellen Sie Kästen mit offener Vorderfront hinter eine dichte Abdeckung.

Räuber fernhalten

Flügge Vögel müssen lernen zu überleben, und so ist jeder Eingriff durch den Menschen keine gute Idee. Sie können den Vögeln aber helfen, indem Sie zum Beispiel ihrer Katze eine Glocke ans Halsband binden, um die Vögel so zumindest auf die Anwesenheit einer lauernden Katze hinzuweisen. Eine weitere Hilfe sind stachelige, die Katze abschreckende Pflanzen um den Nistbereich herum.

Zusätzliche Gefahren gehen aus von Elstern, Buchfinken und Amseln, die oben offene Vogelnester angreifen. Spechte, die sich ihren Weg mit dem Schnabel durch die Wand eines Nistkastens bahnen können, hält man davon ab, indem man Metallscheiben am Nistkasten befestigt.

Rechts: Rotkehlchen mögen besonders, wie auch andere Vogelarten, Kästen mit offener Front.

Tips für das Herstellen eines Nistkastens

Es gibt ein paar einfache Tips für das Erstellen von Nistkästen:
- Seien Sie geduldig. Es kann mehrere Jahreszeiten dauern, bis ein Vogel im Kasten nistet. Wenn dann Vögel nisten, stören Sie nicht, sondern schauen Sie aus der Entfernung zu.
- Vermeiden Sie, einen Futterplatz in der Nähe des Nistkastens aufzustellen. Die Anwesenheit von fressenden Vögeln so nahe an ihrem Kasten würde die nistenden Vögel sehr stören.
- Denken Sie daran, daß eine Sitzstange in der Nähe des Öffnungsloches des Nistkastens auch räuberischen Tieren den Zugang erleichtern kann.
- Ein oder zwei Kästen sind für einen normalen Garten genug.
- Stellen Sie den Kasten im Herbst auf, so daß er schon ein wenig verwittert, und sorgen Sie für ein wenig Holz für die Vögel im Winter, bevor dann die Brutsaison im Frühling beginnt.
- Reinigen Sie am Ende der Nistsaison (etwa im November) benutzte Nistkästen mit klarem, kochendem Wasser, um alle noch vorhandenen Parasiten abzutöten.

Oben: Die lange, einem Kamin ähnliche Form dieses Kastens wird Eulen anlocken, die gern in Baumlöchern nisten.

Oben: Obwohl maßgeschneidert und reich verziert, hat auch dieses Haus seine praktischen Aspekte: so gibt es eine Stange zum leichteren Einstieg und ein kleines Eingangsloch, um große Vögel abhalten.

Grundtypen von Nistkästen

Es gibt verschiedene Typen von Nistkästen, jeder für ganz bestimmte Vogelarten. So brauchen zum Beispiel Kohlmeisen kleinere Eingangslöcher als die großen Meisenarten, um so die großen Vögel daran zu hindern, die kleineren zu vertreiben, wenn es zu den unvermeidlichen Auseinandersetzungen ums Territorium kommt.

Rotkehlchen, Tauben, Dohlen und Bachstelzen richten sich ihr Heim in Nistkästen mit offener Vorderfront ein. Eulen bevorzugen einen kaminähnlichen Kasten, der aussieht wie die Öffnung eines Baumstammes, den sie auch in der Natur als Nest nutzen. Dieser Kastentyp ist auch dort sinnvoll, wo ein vorhandenes Nest durch einen Sturmschaden verlorengegangen ist. Befestigen Sie den Kasten in einem 45-Grad-Winkel an einem Baum, bohren Sie Abflußlöcher in seinen Boden, und legen Sie eine Schicht Holzspäne oder kleine Steine hinein.

Eulen sind in einigen Ländern gesetzlich geschützt. Deshalb sollten bewohnte Nester nicht einfach angeschaut werden – auch wenn man selbst den Nistkasten aufgestellt hat. Übrigens: Adressen von Naturschutzorganisationen finden Sie im Anhang.

Wie man Vögel anlockt

Oben: Schweineschmalzkuchen, gefüllt mit Samen, das schmeckt vielen Vögeln.

Rechts: Überdachte Vogelplätze halten Vögel – und Futter – bei schlechtem Wetter trocken. Dieser Futterplatz hier wurde aus am Waldboden gefundenen Rindenstücken hergestellt.

Unten: Eine Wasserstelle sollte vor allem im Winter vorhanden sein, wenn man sonst nur Trockenfutter anbietet.

Der einfachste Weg, Vögel zum Kasten im Garten oder am Fenster zu locken, ist es, Futter auszustreuen, vor allem während der Wintermonate, wenn das Futter in der Natur rar wird. Man kann aber auch, wenn man es wünscht, das ganze Jahr über Futter bereithalten.

Für welche Fütterungsmethode Sie sich auch entscheiden, seien Sie konsequent. Ein vergeblicher Flug zu einer leeren Futterstelle ist für einen Vogel reine Energieverschwendung, vor allem im Winter, wenn Nahrung nur schwer zu finden ist. Am besten füttert man im Winter zweimal täglich: am frühen Morgen und am frühen Nachmittag.

Verwenden Sie keine Erdnüsse, außer sie befinden sich in einem kleinen Korb aus Maschendraht. Das hält größere Stücke zurück, an denen die kleinen Vögel ersticken können. Vermeiden Sie im Sommer fette Kuchen. Das Fett schmilzt nämlich und wird sehr schmutzig, auch kann es die Schnäbel der Vögel verkleben.

Oben: Durch den Maschendraht können die Vögel keine ganzen Erdnüsse herausziehen. Während der Nistzeit können junge Nestlinge und gerade flügge gewordene Vögel leicht daran ersticken.

Wo man füttert

Am besten sollte ein Futterkasten in etwa 2–3 m Entfernung zu einem Busch oder Baum aufgestellt werden, wohin sich die Vögel bei Gefahr flüchten können, und mindestens 5 m entfernt von einem Haus. Viele Vögel mögen keine Freiflächen, und gleichermaßen laufen sie Gefahr, in die Fensterscheibe eines Hauses zu fliegen, auch können Personen im Haus die Vögel leicht verschrecken. Es gibt Fensteraufkleber mit Bildern von Raubvögeln, die eine sonst unsichtbare Oberfläche sichtbar machen und die kleinere Vögel davon abhalten, zu nah ans Haus zu fliegen.

Futtertische

Für einen Futtertisch nehmen Sie bitte Holz, das nicht mit Holzschutzmittel behandelt ist. Ein Dach sorgt dafür, daß Vögel und Futter trocken bleiben. Wenn sie kein Dach einbauen, bohren Sie einige Löcher in den Boden zum Abfluß des Wassers.

Eine kleine Erhöhung, die um den Rand des Tisches herum angebracht ist, verhindert, daß leichtes Futter vom Wind weggeblasen wird. Ein Futtertisch muß von Zeit zu Zeit gesäubert werden, und alles Futter, das nicht mehr frisch genug ist, sollte entfernt werden. Ein angemessener Wasservorrat sollte das ganze Jahr über angeboten werden. Das geht in einer einfachen Schale auf dem Tisch oder auch mit einem getrennt aufgestellten Behältnis.

Unten: Samenkugeln und Nüsse sind eine Ergänzung zur Magerkost im Winter. Halten Sie auch immer einen Vorrat an frischem Wasser bereit, da Trockenfutter nicht genügend natürliche Feuchtigkeit enthält.

Oben: Hängende Futterkäfige sind für viele Vögel eine willkommene „Herausforderung".

Fütterung am Boden

Vögel wie Heckenbraunellen, Singdrosseln, Finken, Ammern und Turteltauben nehmen ihre Nahrung meist am Boden auf. Stellen sie die Futterstelle in einiger Entfernung von einem Futtertisch auf, damit sie nicht von den Ausscheidungen der Vögel dort oben verschmutzt wird.

Aufgehängtes Futter

Einige Vögel wie die, die es gewohnt sind, ihre Nahrung in Bäumen zu sich zu nehmen, können sich mit dem Kopf nach unten an die verschiedensten Futterkugeln klammern; das tun auch Zeisige und Kleiber. Es gibt viele Formen von Futterkugeln zu kaufen, Sie können sie aber auch selbst herstellen. Einige Futtersorten müssen nicht in einer Kugel stecken, zum Beispiel Erdnüsse in ihren Schalen, halbe Kokosnüsse, Girlanden aus Popcorn und Fettgebäck, das an einem Bindfaden hängt.

Was man füttert

Links: Ein Ring aus glasierten, in Scheiben geschnittenen Preiselbeeren

Es müssen nicht immer Küchenreste sein, die den Vögeln im Garten als Futter angeboten werden. Ein Blick in den Katalog eines Herstellers zeigt Mengen an Futter, das zum Anlocken jeweils ganz bestimmter Vogelarten dient. Hier nur ein paar Beispiele.

Fetthaltige Nahrungsmittel

Der beste Grundstock für fetthaltiges Vogelfutter sind Lamm- oder Rinderfett, entweder natürliches oder verarbeiteter Rindertalg. Dieses Futter ist hart und schmilzt auch nicht zu schnell bei Wärme. Einige Hersteller veredeln ihr fetthaltiges Futter mit bestimmten Zutaten, das können Sie aber auch selbst machen, mit einer Mischung aus Samenkörnern, Früchten und Nüssen, nach den Rezepten auf der folgenden Seite.

Lebendes Futter

Lebendes Futter wie Wachsmotten und Mehlwürmer enthält viele hochwirksame Proteine und lockt viele Vogelarten an. Lebendes Futter ist besonders sinnvoll bei unwirtlichem Wetter.

Samen- und Getreidekörner

Nehmen Sie nur hochwertige Samen, keinen Ausschuß oder Abfall, denn der hat kaum Nährwert und lockt auch die Vögel nicht an. Mit Sonnenblumenkernen treffen Sie eine gute Wahl, wobei die gestreiften, erst recht aber die schwarzen Sonnenblumenkerne die Lieblingsspeise vieler Arten sind. Ihre Schalen sind nämlich die dünnsten von allen Sonnenblumensorten, was es den Vögeln leichtmacht, sie zu öffnen. Alle Arten von Sonnenblumenkernen können unbedenklich an kleine Vögel verfüttert werden. Melonenkerne, Hanfkerne, kleine Weizenkörner, gemahlener Mais und Maisflocken, Getreidekörner und Hafermehl sind allesamt gute Nahrungsmittel. Die Mischung der Samen und Körner kann sehr ausgeklügelt sein, um ganz bestimmte Vogelarten in Ihren Garten zu locken. Für weitere Informationen sehen Sie bitte in die Kataloge der Fachanbieter.

Ungesalzene Erdnüsse

Kaufen Sie nur Markenware, um sicherzugehen, daß die Nußschalen frei von für die Vögel tödlichen Giftstoffen sind. Achten Sie darauf, daß aus dem Futtergehäuse keine ganzen Nüsse herausgezogen werden können, an denen Jungvögel dann ersticken.

Leckerbissen für Vögel

WELCHES FUTTER FÜR WELCHE VÖGEL

Am besten, Sie probieren selbst einmal aus, was Ihre gefiederten Gäste am liebsten mögen. Hier sind aber einige Punkte, die Sie grundsätzlich beachten sollten:

- ***Brot* muß gründlich in Wasser eingeweicht sein, damit es sich nicht später im Magen des Vogels ausdehnt.**
- ***Trockenfutter* wie das Brot einweichen.**
- ***Frisches Obst*, besonders Äpfel und Birnen, fressen Kohlmeisen und Drosseln besonders im Winter gerne.**
- ***Geriebener Käse* ist besonders beliebt bei Rotkehlchen.**
- ***Kies, Sand und kleine Steinchen* sind zwar eigentlich keine Lebensmittel, sie helfen aber vor allem den Körnerfressern bei der Verdauung.**
- ***Haselnüsse*, in kleine Löcher in den Baum geklemmt, locken Kleiber an, denen es Spaß macht, sie aufzuhacken.**
- ***Nahrungsmittel aus dem Haushalt* wie hartgekochte Eier, Kartoffelschalen sowie alte Kuchen- und Biskuitstücke werden mit Sicherheit den Vögeln große Freude bereiten. Probieren Sie ruhig einmal etwas aus, allerdings keine Dörrnahrungsmittel oder zu stark gesalzene Kost, denn das kann den Vögeln gefährlich werden.**

Mit den nachfolgenden Rezepten wird Ihr Garten voll sein mit glücklichen und zufriedenen Vögeln.

Ein veredelter Apfel

Ein Apfel, gespickt mit farbenfrohen und nährreichen Leckerbissen, ist nicht nur ein Augenschmaus, sondern auch eine nahrhafte Mahlzeit. Höhlen Sie einen Apfel aus, der nicht mehr frisch ist, und füllen Sie ihn mit einer Mischung aus gekochtem Reis, Körnern, genäßtem Trockenfutter und Beeren. Achten Sie bitte darauf, daß alles vorher vollständig eingeweicht worden ist.

Goldenes Herz aus Beeren, Samen und Getreidekörnern

Schmelzen Sie etwas weißes Fett. Geben Sie eingeweichte Beeren, Samen, Nüsse und Getreidekörner hinzu. Gießen Sie das Ganze in eine herzförmige Backform. Hängen Sie ein längeres Stück Gartenband aus natürlichem Material so in das Gemisch, daß es beim Aufhängen am oberen Ende der Herzform herausschaut. Lassen Sie das Ganze richtig fest werden. Drehen Sie die Form um, und lassen Sie etwas warmes Wasser über sie laufen, damit sich der Inhalt leichter löst.

Eine Schüssel Preiselbeeren

Füllen Sie eine Schicht Preiselbeeren auf den Boden einer ovalen Schüssel. Lassen Sie dann langsam und vorsichtig gelöstes weißes Fett über die Preiselbeeren laufen. Wenn alles abgekühlt und fest geworden ist, lassen Sie eine weitere Schicht gelöstes Fett darüber fließen. Wenn auch die sich gesetzt hat und abgekühlt ist, geben Sie eine letzte Schicht Preiselbeeren dazu und bedecken sie mit nur wenig gelöstem Fett. Lassen Sie auch das sich setzen und entfernen alles auf die gleiche Weise wie beim „Goldenen Herz".

Ein Festtagsschmaus aus Nüssen und Beeren

Weichen Sie braune Brotkrumen in Wasser ein. Geben Sie eingeweichte Beeren, Samen und Nüsse dazu. Fetten Sie eine Backform ein, geben Sie das Gemisch hinein, und drücken Sie es gut an. Backen Sie es im Herd bei mäßiger Hitze für etwa 15 Minuten, beziehungsweise so lange, bis die Oberfläche goldbraun ist. Wenn es etwas abgekühlt ist, entfernen Sie es aus der Backform und lassen es dann auf einem Drahtgestell kalt werden.

Orangenpudding Marke Sonnenaufgang

Höhlen Sie eine halbe Orange aus, und füllen Sie diese mit einem Gemisch aus Müsli, Obst, Nüssen und Samen, alles vorher gut in Wasser eingeweicht.

Vogelbäder

Oben: Fließendes Wasser ist für die Vögel attraktiv und ein Schmuck für ihren Garten.

Oben: Ein traditionelles Vogelbad aus Stein ist eine Zierde für jeden Garten.

Rechts: Dieses moderne Vogelbad ist beinahe so etwas wie eine Skulptur.

Nächste Seite: Stücke von zerbrochenen farbigen Tonscheiben formen ein wunderschönes Mosaik. Die nur leicht ansteigenden Ränder bieten einen einfachen Zugang zum Wasser.

Vögel brauchen ein dauerndes Wasserangebot zum Baden wie zum Trinken. Es ist für sie lebenswichtig, ihre Federn in einem guten Zustand zu erhalten, damit sie während der langen und bitterkalten Winternächte eine Isolierung bieten. Es gibt auch Vögel wie etwa die Blaumeise, die im Winter besonders viel trinken, da ihnen das Winterfutter aus trockenen Nüssen nicht genug Flüssigkeit bietet.

Teiche bieten das ganze Jahr über Wasser zum Trinken wie zum Baden und können nebenbei noch viele andere interessante Tiere in Ihren Garten locken. Nicht jeder hat das Glück, ausreichend Platz für Teiche oder andere größere Wasserflächen zu haben, ein Vogelbad ist da eine attraktive Möglichkeit, Ihren Garten aufzuwerten.

Ein Vogelbad muß nicht besonders schwierig herzustellen sein. Eine Wasserpfütze ist die wohl einfachste Form. Sie können ein Wasserloch erstellen, das etwas länger hält, indem Sie in einem Blumenbeet ein Loch für eine seichte Pfütze ausheben und es mit einer Plastikfolie auskleiden, die Sie mit einigen Steinen befestigen. Eine ebenso einfache Möglichkeit ist ein umgedrehter Mülleimerdeckel, den man vorsichtig auf Ziegelsteine legt.

Es gibt viele Vogelbäder zu kaufen, die nicht nur nützlich sind, sondern auch eine interessante Dekoration für den Garten darstellen – wie zum Beispiel Quellen und alle Arten von sprudelndem Wasser.

Welche Art von Vogelbad Sie auch wählen, es sollte entweder nur leicht ansteigende Ränder haben oder, wenn diese steil sind, mit einer Rampe versehen sein, so daß die Vögel leicht hinein und heraus kommen und andere kleine Tiere nicht im Becken gefangen werden. Reinigen Sie es sorgfältig, und sorgen Sie immer für frisches Wasser. Achten Sie im Winter zudem darauf, das Eis zu entfernen, das sich auf der Wasseroberfläche bildet.

Ein Gänseblümchen-Haus

Sommerliche Gänseblümchen sind ein schicker Schmuck für ein modisches Nisthäuschen. So können Sie für Ihren Garten eine ganz besondere Dekoration herstellen.

WERKZEUGE UND MATERIALIEN

- Hartfaserplatte (6 mm) bzw. außen glattes Sperrholz
- Bleistift
- Lineal
- Laubsäge
- Leim oder Kunststoffleim
- Hammer
- Holznägel
- Laubsäge
- Bohrer
- Fuchsschwanz
- Schraubstock
- Emulsionsfarbe in Weiß, Gelb, Grün und Blau
- Pinsel (fein und mittel)
- Leimpistole und Füllung
- Klarlack für den Außenanstrich

1 Zeichnen Sie die Grundelemente auf die Hartfaser- bzw. Sperrholzplatte nach den Vorlagen im Anhang. Sägen Sie die Teile aus, und fügen Sie sie mit Leim bzw. Kunststoffleim und Holznägeln zusammen. Zeichnen Sie die Umrisse von Blume, Blütenblatt und Blatt auf die Oberfläche der Platte nach der Grafik auf der folgenden Seite. Beachten Sie, daß das Loch in der Mitte des Motivs für die Vorderfront die Größe des Eingangslochs hat.

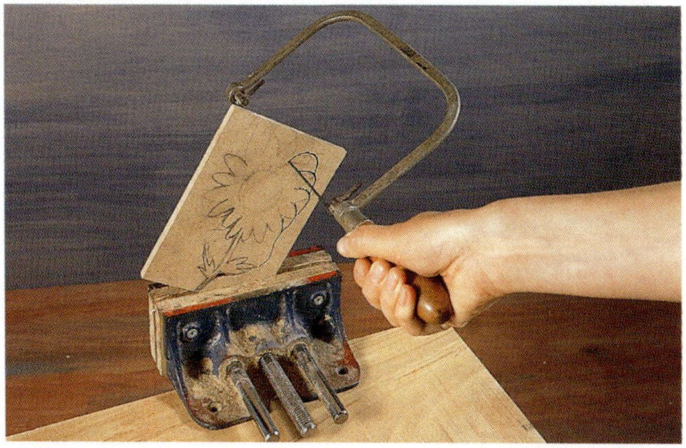

2 Mit einer Laubsäge schneiden Sie Blütenblätter und Blatt aus. Mit Bohrer und Fuchsschwanz bohren Sie das Loch in die Mitte des Motivs für die Vorderfront. Bemalen Sie alles mit den Farben des Gänseblümchens, und lassen Sie es trocknen. Für das Aufmalen der Details benutzen Sie einen feinen Pinsel.

3 Malen Sie das Haus blau an. Wenn die Farbe getrocknet ist, tragen Sie mit einem feinen Pinsel das Gras auf. Malen Sie das Loch in der Vorderfront gelb aus. Der Innenraum bleibt unbemalt, um die Gesundheit der Vögel zu schützen.

Oben: Wenn Holzarbeiten nicht Ihre Stärke sind, sollten Sie diese einfachere Version wählen: dasselbe Grundmodell des Hauses, mit frischen Farben bemalt. Ein Stück Korken bildet eine flotte Sitzgelegenheit und nimmt das Muster der Punkte auf dem Dach auf.

4 Kleben Sie mit einer Leimpistole die Blumenformen fest an. Formen Sie aus den einzelnen Blumen eine Kette Gänseblümchen, und kleben Sie einige „gezupfte Blätter" dazu. Streichen Sie das Ganze mehrmals mit Klarlack für Außenanstrich.

Bauernhaus als Futterplatz

Diese beiden Futterhäuschen, die sich äußerlich stark unterscheiden, stammen vom selben Grundmodell aus einem Bastelladen. Das eine wurde mit Sand bestreut und erinnert so an Treibholz . Das andere versteckt sich unter einer ganzen Anzahl von Fundstücken, vom rostigen Blech bis hin zum Winkeleisen des Stukkateurs. Sie können das Futterhäuschen mit Dingen aus ihrer Umgebung versehen oder aber auch mit Gegenständen, die Sie während des Urlaubs gesammelt haben.

Werkzeuge und Materialien

- 2 Futterkästen aus Holz
- Hellgraue Emulsionsfarbe
- Pinsel von mittlerer Stärke
- Schmirgelpapier
- Klarer Leim
- Sand
- Muscheln
- Moos
- Weicher Draht
- Bleistift

- Bindfaden (Naturmaterial)
- Korken
- Tapetenmesser/Skalpell
- Dicker Gartendraht
- Schutzhandschuhe
- Stück altes Zinnblech
- Blechschneider oder -säge
- Leimpistole und Füllung
- Stukkateurs-Winkeleisen
- Schwarzes Farbspray

1 Malen Sie das erste Futterhäuschen an. Lassen Sie es trocknen. Bearbeiten Sie es mit Schmirgelpapier, damit es verwittert aussieht. Streichen Sie klaren Leim auf das Dach, streuen Sie Sand darauf, kleben Sie z. B. Muscheln und auch Moos auf. Drehen Sie weichen Draht um einen Bleistift, und winden Sie als „Taurolle" einen Bindfaden aus Naturmaterial durch den Draht.

2 Benutzen Sie einen abgeschnittenen Korken, um die Futterkammern zu verschließen, und binden Sie das Häuschen an festen Gartendraht, um es daran aufzuhängen.

3 Fürs zweite Haus schneiden Sie Dachpfannen aus Zinnblech (Schutzhandschuhe!). Sie entfernen scharfe Kanten, kleben alles auf Stand auf. Kleben Sie Moos um den Sockel.

4 Den Dachfirst bildet ein schwarz besprühtes Stukkateurs-Winkeleisen. Kleben Sie es fest aufs Dach. Schließen Sie die Futterkammern mit einem Korken.

Oben und rechts: Dies sind zwei sehr unterschiedliche Ergebnisse, obwohl als Ausgangsprodukt derselbe Typ des Futterhäuschens verwandt wurde. Probieren Sie die verschiedensten Materialien und Zutaten aus, um Ihr eigenes Design zu schaffen.

Bunte Strandhütten

Bauen Sie mehrere Hütten mit derselben Grundform, und malen Sie alle mit hellen Farben an. Wenn Sie Ihren gefiederten Gästen diese bunten Häuser anbieten, wird es nur noch eine Frage geben: Wer zieht ein in Hausnummer 1?

WERKZEUGE UND MATERIALIEN

- 12 mm außen glattes Sperrholz
- Bleistift
- Lineal
- Säge
- Zirkel
- Bohrer
- Fuchsschwanz
- Hammer
- Holznägel
- 6 x 150 mm große Türangelstreifen aus Messing
- Schraubenzieher
- Schrauben
- 6 mm starkes, außen glattes Sperrholz
- Laubsäge
- Farbe für Außenanstrich: in Blau, Grün, Rosa und Weiß
- Pinsel von mittlerer Stärke

1 Zeichnen Sie für alle sechs Strandhütten die Umrisse der einzelnen Teile auf die Oberfläche des 12 mm starken Sperrholzes nach der Vorlage im Anhang des Buches.

2 Sägen Sie mit der Säge die einzelnen Teile aus. Sägen Sie exakt entlang jeder Bleistiftlinie, so daß die Sägelinie immer exakt zwischen den einzelnen Teilen liegt, damit alle Teile die richtige Größe haben.

3 Zeichnen Sie eine waagerechte Linie auf die Vorderfront. Ziehen Sie eine senkrechte Linie von der Spitze des Giebeldreiecks bis zum Boden. Im Schnittpunkt ziehen Sie mit einem Zirkel einen Kreis mit 32 mm Durchmesser. Bohren Sie ein Loch hinein, das Sie dann mit einem Fuchsschwanz vergrößern.

4 Bauen Sie mit Hammer und Holznägeln, die Sie bündig mit der Oberfläche einschlagen, die Vorder-, Rückseite und die Seitenteile sowie die kleineren Dachteile zusammen.

5 Befestigen Sie mit Schrauben und einem Schraubenzieher den Türangelstreifen aus Messing am Rand des größeren, noch nicht am Haus befestigten Dachstückes.

6 Befestigen Sie das Dachstück mit der Türangel an der Hütte, und achten Sie dabei darauf, daß die beiden Dachhälften vorne und hinten gleich weit überstehen.

7 Zeichnen Sie die Bodenplatte und die gezahnten Schmuckstreifen auf eine 6 mm starke Holzplatte. Übertragen Sie die Zähne mit einer Linie in 20 mm Abstand zum Seitenrand der 50-mm-Streifen. Machen Sie auf dieser 20-mm-Linie eine Markierung in der Mitte jedes 50-mm-Streifens. Dann verbinden Sie diese Markierung quer hinüber mit der äußeren Linie im Abstand von 20 mm und erhalten so die Zähne.

8 Schneiden Sie die Zähne mit einer Laubsäge aus. Nageln Sie an jeder Seite der Bodenplatte einen Schmuckstreifen an. Malen Sie die Hütten mit Farbe für Außenanstrich an, nicht aber innen, um die Gesundheit der Vögel zu schützen.

Ein Vogelbad aus Kupfer

Sie werden viel Vergnügen daran haben, die Vögel dabei zu beobachten, wie sie in diesem praktischen und schönen Bad aus flachgeklopftem Kupfer baden und sich ihr Gefieder putzen. Sorgen Sie das ganze Jahr über für ein ausreichendes Angebot an Trinkwasser.

Werkzeuge und Materialien

- Porzellanmalstift
- Bindfaden
- 0,9 mm starke Kupferscheibe
- Schutzhandschuhe
- Blechschere
- Feile
- Wolldecke oder ein Stück Teppich
- Hammer
- Mittelstarker Kupferdraht, 4 m lang
- Schraubstock
- Ringhaken
- Bohrer und 3 mm starker Einsatz

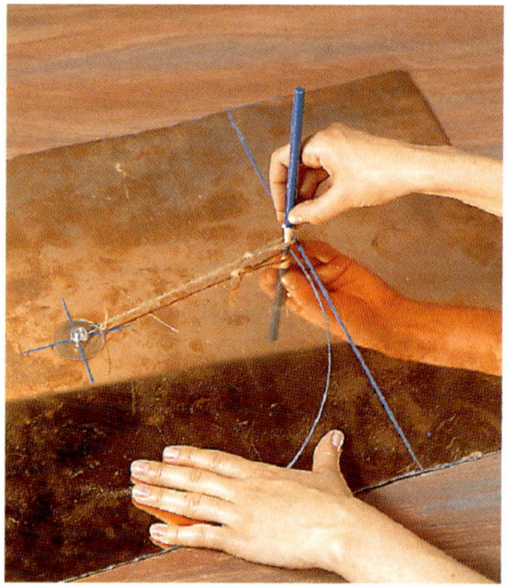

1 Mit einem Porzellanmalstift und einem Bindfaden mit 2 Schlaufen ziehen Sie einen Kreis mit 45 cm Durchmesser auf der Kupferscheibe.

2 Mit einer Blechschere schneiden Sie entlang der Kreislinie. Tragen Sie bitte Schutzhandschuhe. Feilen Sie vorsichtig alle scharfen Kanten ab.

3 Legen Sie die Scheibe auf eine Decke, bearbeiten Sie sie vorsichtig von der Mitte aus mit einem Hammer mit kurzen Schlägen bis zum Rand, bis sie die gewünschte Oberfläche hat.

4 Für die Sitzstange knoten Sie in etwas Kupferdraht eine Schlaufe und befestigen ihn im Schraubstock. Führen sie einen Ringhaken im Einsatz eines Handbohrers oder eines langsamen Schlagbohrers durch die Schlaufe und wickeln den Draht auf. Bohren Sie drei 3 mm große Löcher am Rand der Scheibe. Machen Sie jeweils einen Knoten in das eine Ende von drei 1 m langen Drahtstücken. Schieben Sie sie von unten durch die Löcher. Ziehen Sie die Sitzstange über zwei der starken Drahtstücke. Hängen Sie das Bad an einer geeigneten Stelle auf.

Ein Miniatur-Taubenschlag

Diesen pfiffigen Taubenschlag im Miniformat sollte man nicht im Regen draußen stehenlassen, sondern ihn lieber auf Dauer in einem großen, durchsichtigen Haushaltsgefäß oder in einem Gewächshaus aufstellen.

Materialien und Werkzeuge

- 6 mm starkes Balsaholz
- Bleistift
- Lineal
- Skalpell oder Teppichmesser
- Kunststoffleim
- Weiße Akrylfarbe
- Pinsel von mittlerer Stärke
- Balsaholz-Stück mit 6 x 6 cm Grundfläche
- Holzfarbe

1 Zeichnen Sie den sechseckigen Fußboden auf das Balsaholz nach der Vorlage im Anhang. Schneiden Sie ihn mit Skalpell oder Teppichmesser aus.

2 Schneiden Sie die Wandstücke so, daß die Schnitte für die Längsseiten direkt aneinander anschließen, damit die einzelnen Stücke genau zusammenpassen.

3 Schneiden Sie in mehreren kleinen Schnitten mit Skalpell oder Teppichmesser die Öffnungen heraus. Schneiden Sie dann die Sitzstangen zurecht.

4 Schneiden Sie die dreieckigen Dachteile aus, und kleben Sie diese in Form eines Kegels zusammen. Dann malen Sie alle Teile an, und lassen Sie trocknen. Danach leimen Sie den Schlag aus seinen Einzelteilen zusammen. Schneiden Sie als Ständer ein Stück Balsaholz zurecht, das Sie mit Holzfarbe bemalt haben.

Taubenschlag aus Holland

Dieses schicke Haus hat Platz für 5 Vogelpaare. Das Dach ist abnehmbar, auch die inneren Trennflächen sind herausnehmbar, so daß die Reinigung am Jahresende leichtfällt.

Werkzeuge und Materialien

- Kunstfaserplatte (12 mm) bzw. außen glattes Sperrholz
- Bleistift
- Lineal
- Säge
- Winkelmesser
- Verstellbarer Kantenmesser
- Schraubstock
- Hobel
- Bohrer
- Fuchsschwanz
- Kunstoffleim
- Holzreste
- Lufttrocknender Modellierton
- Teigrolle
- Tafelmesser
- Schranktürknopf mit Metallhülle oder grau angemalt
- Emulsionsfarbe (weiß, grau)
- Mittelstarke Pinsel
- Klarlack für Außenanstrich

1 Zeichnen Sie die Umrisse der einzelnen Teile auf die Kunstfaser- oder Sperrholzplatte entsprechend der Vorlage im Anhang des Buches. Sägen Sie die Teile aus.

2 Stellen Sie mit Hilfe eines Winkelmessers auf einem verstellbaren Kantenmesser einen Winkel von 18 Grad ein.

3 Halten Sie den verstellbaren Kantenmesser an jedes der 10 Holzstücke, und zeichnen Sie auf jedes Ende einen Bleistiftstrich in einem Winkel von 18 Grad.

4 Machen Sie Bleistiftmarkierungen auf die Oberfläche eines jeden Holzstücks vorsichtig in der Nähe des Randes entlang. Es wird Ihnen leichter fallen, wenn Sie ein Lineal benutzen.

5 Spannen Sie jedes Stück in den Schraubstock, und hobeln Sie das überstehende Material entlang der Bleistiftlinie ab. Führen Sie Schritt 3–5 für alle 10 Dachdreiecke aus.

6 Schneiden Sie aufsteigende Eingangslöcher in 5 der 10 Wandhölzer mit Bohrer und Fuchsschwanz. Leimen Sie die Wände an ihren Fugen zusammen und fest an das kreisförmige Bodenstück. Schneiden Sie 6 kleine Holzklötze aus Holzresten als Stütze für die entfernbaren Trennwände. Positionieren Sie 3 von ihnen in gleichen Abständen auf Höhe eines Drittels des Schlages, die restlichen drei in Höhe von zwei Dritteln. Die Trennböden liegen dann einfach auf den Holzklötzen auf. Kleben Sie die Dachdreiecke aneinander, aber nicht an das Haus. So bleiben Dach und Zwischenböden zum Reinigen leicht zu entfernen. Rollen Sie den Modellierton aus und schneiden ihn in Form von Dachziegeln zurecht, entsprechend der Grafik. Befestigen Sie die Ziegel auf dem Dachstuhl, und setzen Sie als Abschluß den verzierten Türknopf obendrauf. Malen Sie das Haus an. Lackieren Sie die Oberfläche der Dachziegel.

Im 19. Jahrhundert hatte jeder Gutsbesitzer, der etwas auf sich hielt, einen großen Taubenschlag aus Ziegeln so wie diesen hier. Während sie heutzutage manchmal als Wohn- oder Arbeitsgebäude genutzt werden, lag ihre ursprüngliche Funktion darin, einen Vorrat an frischem Fleisch für die mageren Wintermonate bereitzuhalten oder für überraschende Gäste eine Mahlzeit aus dem Stegreif anbieten zu können.

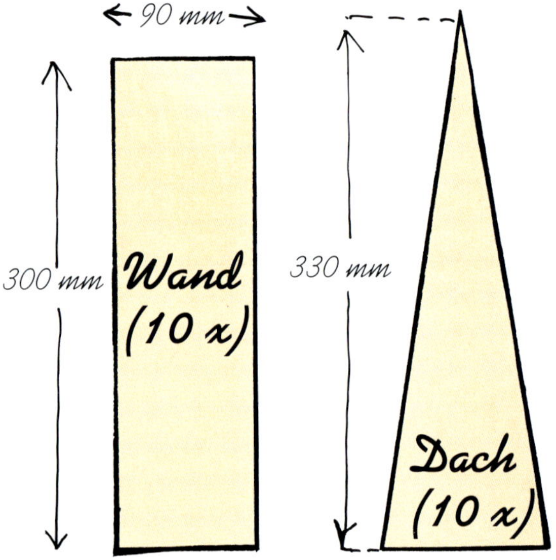

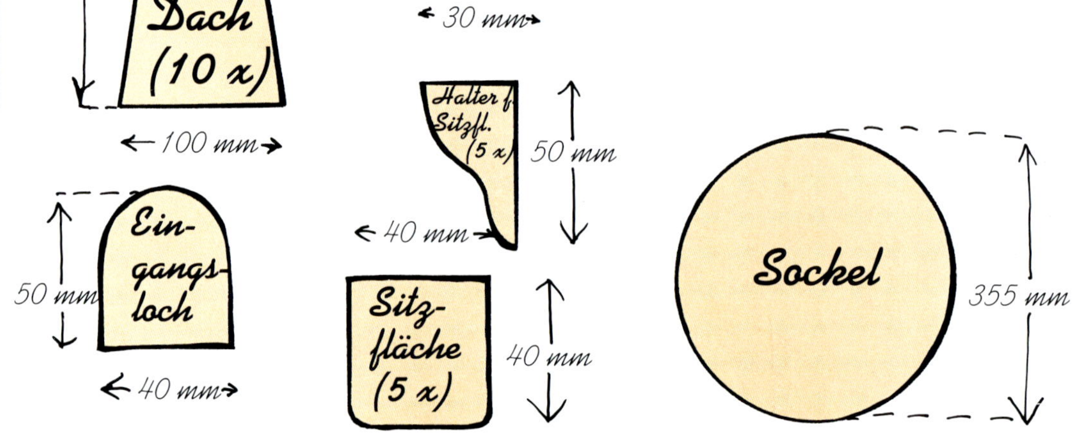

Vogelhaus aus Neuengland

Um die Vögel, die in diesem Nistkasten mit Wandschindeln nisten, werden Sie alle beneiden.

Werkzeuge und Materialien

- 6 mm starke Kunstfaserplatte oder Sperrholzbrett
- Bleistift
- Lineal
- Säge
- Kunststoffleim
- Hammer
- Holznägel
- Furnier aus Birkenholz
- Bunte Holzfarbe
- Teppichmesser oder Skalpell
- 1,5 x 19 mm große Balsaholzstücke
- Zirkel
- Emulsionsfarbe in Mattweiß, Dunkelbraun und hellem Weiß
- Mittelstarke und feine Pinsel
- Klarlack für den Außenanstrich
- Bohrer mit 3 mm starker Spitze
- 50 x 50 mm großer Holzpfosten
- Schraubenzieher
- 75 mm große Schrauben und kleinere Schrauben

1 Zeichnen Sie das Haus auf die Kunstfaser- oder Sperrholzplatte nach der Vorlage im Anhang. Schneiden Sie die einzelnen Stücke aus, und leimen Sie sie zusammen. Zeichnen Sie auf ein Stück Furnierholz 19 x 38 mm große Dachschindeln, und bearbeiten Sie diese möglichst unregelmäßig mit Holzfarbe. Schneiden Sie die Schindeln mit einem Skalpell oder Teppichmesser aus. Kleben Sie diese in überstehenden Reihen auf das Dach.

2 Schneiden Sie Wandschindeln aus Balsaholz. Kleben Sie diese auf Stand auf. Übertragen Sie mit einem Zirkel die Linien zum Ausschneiden, oder zeichnen Sie die Vorlagen auf Papier mit den Stellen, die aus dem Holz herausgeschnitten werden sollen. Bemalen Sie die Schindeln, die Fenster und mit einem feinen Pinsel Fenster- und Türrahmen mit Emulsionsfarbe. Versiegeln Sie die Oberfläche des Hauses mit Klarlack für Außenanstrich.

3 Schneiden Sie einen 200 x 125 mm großen Sockel aus Kunstfaser- oder Sperrholz. Bohren Sie 3 mm große Löcher hinein. Befestigen Sie ihn mit einer 75 mm großen Schraube mitten auf einem Holzpfosten. Drehen Sie die Schrauben durch die Ecklöcher in den Sockel.

Meisenkasten im Folklorestil

Er ist für Blaumeisen und andere Vögel, die in einem Bau nisten, der ideale Zufluchtsort.

WERKZEUGE UND MATERIALIEN

- 6 mm starke Kunstfaserplatte oder außen glattes Sperrholzbrett
- Kleines Stück Bauholz (für den Sockel)
- Bleistift
- Lineal
- Säge
- Bohrer
- Fuchsschwanz
- Kunstoffleim
- Hammer
- Holznägel
- Emulsionsfarbe in Blaugrau und Weiß
- Mittelstarker Pinsel
- Mittelstarkes Schmirgelpapier
- Ein Stück Blei
- Blechschere
- Tacker und Tackernadeln
- Kupferdraht
- Drahtschneider

1 Markieren Sie die Grundelemente auf die Kunstfaser- oder Sperrholzplatte nach der Vorlage im Anhang. Schneiden Sie das Eingangsloch aus wie bei der Strandhütte. Fügen Sie das Haus zusammen. Befestigen Sie das kürzere Teil des Daches. Malen Sie das ganze Haus, auch das nicht befestigte Dachteil, mit Emulsionsfarbe an. Nach dem Trocknen malen Sie die Wände weiß. Wenn diese trocken sind, rauhen Sie sie mit Schmirgelpapier auf, bis man ein wenig von der dunkleren Schicht darunter sehen kann. Schneiden Sie einen 50 mm breiten Bleistreifen aus, und befestigen Sie diesen mit dem Tacker an der losen Dachhälfte. Fügen Sie die Dachhälften zusammen, biegen Sie das Blei entsprechend und befestigen es mit dem Tacker an der festen Dachhälfte.

Rechts: Der Meisenkasten kann auf verschiedene Weise geschmückt werden, und man kann ihn auf einen Pfosten setzen oder auch in einen Baum hängen.

2 Bohren Sie zwei kleine Löcher unten an beiden Seiten des Eingangsloches. Knoten Sie in ein Stück Kupferdraht zwei kleine flache Schlaufen, die nur wenig größer als die Löcher sind. Schieben Sie die beiden Drahtenden durch die Löcher, und biegen Sie sie im Kasten 12 mm nach unten, so daß die Sitzstange befestigt ist.

Vogelhaus aus Glas

Hergestellt aus recycelten Blechbüchsen und kleinen Glasstücken glitzert diese umgebaute Laterne wie ein Juwel.

Werkzeug und Materialien

- Glaslaterne
- Maßband (wenn vorhanden)
- Dünnes Glas (wenn vorhanden)
- Porzellanmalstift (wenn vorhanden)
- Winkeleisen (wenn vorhanden)
- Glasschneider (wenn vorhanden)
- Lineal
- Schutzhandschuhe
- Glänzende Blechbüchse (kein Aluminium), gewaschen und abgetrocknet
- Blechschere
- Löt-Flußmittel und Lötkolben
- Lötzinn
- Feiner Maschendraht

1 Zunächst muß das Glas noch montiert werden. Messen Sie dazu alle Flächen wie vorgesehen aus, und verkürzen Sie sie an jeder Seite um 6 mm, damit Sie den Metallrand um jedes Teil legen können. Mit einem Porzellanmalstift zeichnen Sie die Maße auf das Glas und schneiden es mit einem Glasschneider entlang einem Lineal in einem Schnitt aus. Knicken Sie das Glas vorsichtig entlang der Schnittlinie (unbedingt Schutzhandschuhe tragen!).

2 Bitte auf scharfe Ecken achten. Schneiden Sie mit einer Metallschere 9 mm breite Streifen aus einer alten Blechbüchse. Klemmen Sie diese Streifen um den Rand der Glasteile. Schneiden Sie sie zurecht, schmieren Sie ein wenig Löt-Flußmittel auf die sich berührenden Oberflächen einer jeden Ecke.

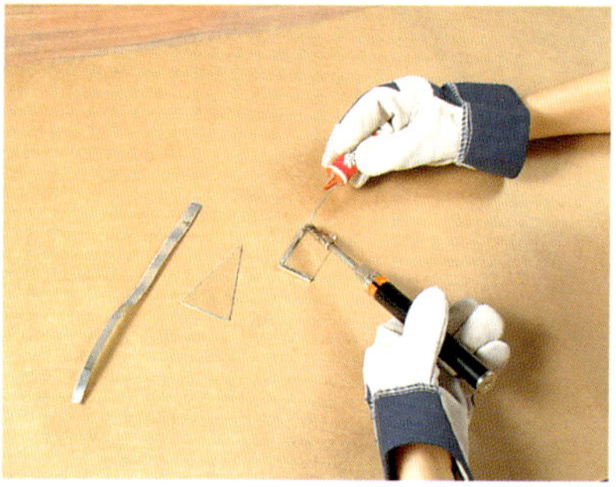

3 Löten Sie an jedem Teil die gemeinsamen Eckpunkte fest. Erhitzen Sie diese mit einem Lötkolben, und lassen Sie als Verbindung Lötzinn hineinfließen. Setzen Sie den heißen Lötkolben ab. Das Lötzinn wird nach 1-2 Sekunden fest. Beachten Sie, daß das Metall noch einige Zeit heiß bleibt, nachdem Sie den Lötkolben abgesetzt haben.

4 Messen Sie die Öffnungen für die Futtertrichter aus, und biegen Sie dazu Metallstreifen mit einem Winkeleisen oder Lineal zurecht, damit die Linien, um die Sie die Streifen biegen, gerade sind. Schneiden Sie als Bodenteil ein Stück feinen Maschendraht aus, löten Sie diesen, die einzelnen Glasstücke mit den Blechrahmen und die Trichter auf Stand zusammen.

Bei Hänsel und Gretel

Dieses zweistöckige Häuschen aus dem berühmten Märchen hellt mit seinen getrennten Eingängen und Wohnbereichen auch den düstersten Garten auf. Es ist eine Freude für alle Vögel und für alle Kinder, die zu Besuch kommen.

Werkzeuge und Materialien

- Kunstfaserplatte (6 mm)/ außen glattes Sperrholz
- Lineal
- Winkeleisen
- Bleistift
- Säge
- Leimpistole und Füllung
- Skalpell oder Teppichmesser
- 6 mm starkes Balsaholz
- Emulsionsfarbe in Rosa, Blau, Weiß, Dunkelgrau, Terrakotta, Dachziegelrot und Grün
- Mittlere und feine Pinsel
- Montagebrett
- Bohrer
- Fuchsschwanz
- Akryl- oder Wasserfarben in verschiedenen Farben
- 1,5 mm starkes Balsaholz
- 1,5 x 3 mm große Streifen aus Balsaholz
- 100 mm große Türscharniere
- Schraubenzieher
- Schrauben
- Doppelseitiges Klebeband
- Schere
- Feines Sägemehl
- Klarlack für den Außenanstrich

1 Markieren und schneiden Sie die einzelnen Stücke aus Kunstfaser oder Sperrholz aus nach der Vorlage im Anhang. Kleben Sie die Teile 1–8 der Reihe nach zusammen. Schneiden Sie entsprechend der Vorlage ein „V“ in das Dach der Vorhalle.

2 Kleben Sie die beiden dreieckigen Dachstücke in das „V“, und kleben Sie diese am Kamm fest.

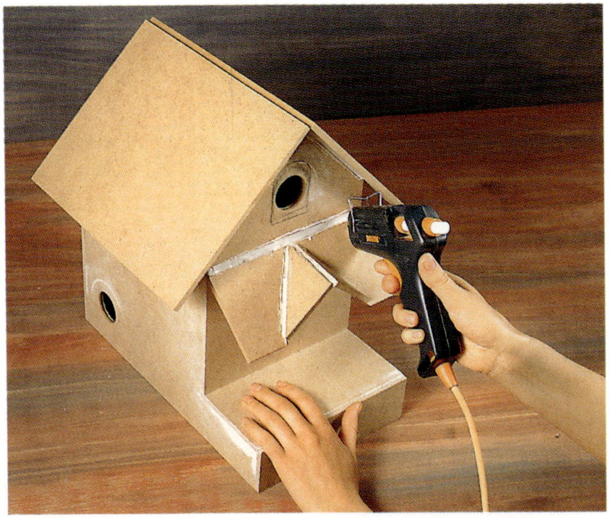

3 Kleben Sie das ganze Dach der Vorhalle an die Vorderseite des Hauses. Mit einem Skalpell oder Teppichmesser schneiden Sie vier 6 x 6 mm große Pfosten aus Balsaholz aus mit einer Länge von 110 mm, die Sie als Stützen des Vorderdaches festkleben. Achten Sie darauf, daß die Pfosten senkrecht stehen, sowohl von vorne wie von der Seite gesehen. Malen Sie das Haus mit rosa, blauer und weißer Emulsionsfarbe an.

4 Zeichnen Sie Tür- und Fensterrahmen nach der Vorlage aufs Montagebrett, schneiden sie aus. Nehmen Sie ein Fensterrahmen-Teil als Vorlage für die Fensterläden. Schneiden Sie die Eingangslöcher durch die Hauswand. Halten Sie jeden Fensterrahmen auf Stand an, und zeichnen Sie seinen Umriß mit einem weichen Bleistift auf die Hauswand. Malen Sie den Bereich innerhalb der Striche dunkelgrau an, und lassen Sie ihn trocknen. Malen Sie mit Akryl- oder Wasserfarbe „Vorhänge" auf das Dunkelgrau. Wenn diese trocken sind, leimen Sie die ausgeschnittenen Tür- und Fensterrahmen auf Stand auf. Dekorieren Sie die Fensterläden mit kleinen Herzen aus Balsaholz von 1,5 mm Stärke, und kleben Sie diese auf beide Seiten der Fensterrahmen.

5 Messen Sie Verbindungsbalken aus von der Hauswand zu den Eckpfosten des Vorhauses und von dort zu den mittleren Pfosten. Schneiden Sie kleine Zaunpfosten und -geländer aus 1,5 x 3 mm Balsaholz, und kleben Sie sie auf Stand fest. ...▸

6 Befestigen Sie eine kleine Trennwand aus Kunstfaser oder Sperrholz zwischen Haupthaus und Unterbau der Veranda, damit dort keine kleinen Vögel eingeklemmt werden.

7 Kleben Sie zwei Streifen aus Kunstfaser oder Sperrholz in halber Höhe auf die Innenseiten der beiden Längswände. Schneiden Sie den entfernbaren Trennboden aus, und bringen Sie ihn innen im Haus so an, daß er auf den beiden Streifen aufliegt, wenn das Haus senkrecht steht. Befestigen Sie das Haus am Boden mit einer Türangel an der Rückwand, so daß Sie es hochklappen und den inneren Trennboden beim Reinigen entfernen können. Schneiden Sie die Verzierungen für Giebel und Dachfirst aus 1,5-mm-Balsaholz aus, und kleben Sie diese auf Stand auf.

8 Schneiden Sie mit einem Skalpell Dachziegel in der Größe 19 x 38 mm aufs Montagebrett, wobei Sie bei jedem ein Ende zu einem „V" zurechtschneiden. Drücken Sie die Schindeln auf beidseitiges Klebeband. Bemalen Sie sie. Lassen Sie sie trocknen. Ziehen Sie auf das Dach waagerechte Bleistiftlinien mit 19 mm Abstand, und beginnen Sie mit dem Decken, wobei der Bleistiftstrich immer die obere Linie einer jeden Reihe bildet. Schneiden Sie die erste Schindel in jeder zweiten Reihe der Länge nach in der Mitte ab, so daß die sich anschließenden Schindeln mit ihrer Spitze die Verbindungslinie zwischen den Schindeln in der Reihe unterhalb berühren. Malen Sie schließlich die beiden Vorderseiten der Dachschindeln mit einem dunklen Terrakottaton an, und verzieren Sie die Hauswände mit Bildern von Kletterpflanzen und Obstblüten. Mit Sägemehl, gemischt mit grüner Farbe, erstellen sie „Grasflächen". Wenn alles getrocknet ist, versehen Sie das Haus mit mehreren Lagen wetterfestem Klarlack.

Ein sicherer Schlupfwinkel

Dieses handbemalte Häuschen kann man schnell aus einem gekauften Vogelkasten erstellen. Auch starke Schauer können seinem Bleidach nichts anhaben, und die Vögel bleiben drinnen trocken und warm. Seien Sie besonders vorsichtig, wenn Sie das Blei zuschneiden, und tragen Sie auf alle Fälle Schutzhandschuhe.

Werkzeuge und Materialien

- Vogelhaus aus Holz
- Fliederfarbene Emulsionsfarbe
- Mittlere und feine Pinsel
- Bleistift
- Akryl- oder Wasserfarben in verschiedenen Farben
- Klarlack für den Außenanstrich
- Kräftiges Papier für die Vorlage
- Schere
- Schutzhandschuhe
- Dünnes Stück Blei
- Blechschere oder Teppichmesser
- Gummi- oder Holzhammer

1 Bemalen Sie das Haus mit dünner fliederfarbener Emulsion, lassen Sie es trocknen. Zeichnen Sie mit Bleistift den Wandschmuck, den Sie mit Akryl- oder Wasserfarbe ausmalen. Nach dem Trocknen streichen Sie das Haus mit mehreren Lagen Mattlack für Außenanstrich.

2 Schneiden Sie nach der Vorlage im Anhang eine Papiervorlage fürs Dach aus, und zwar an der Rück- und an beiden Längsseiten 12 mm größer, um diese Fläche später hinabzubiegen, vorne um 32 mm größer für die Halbkreise.

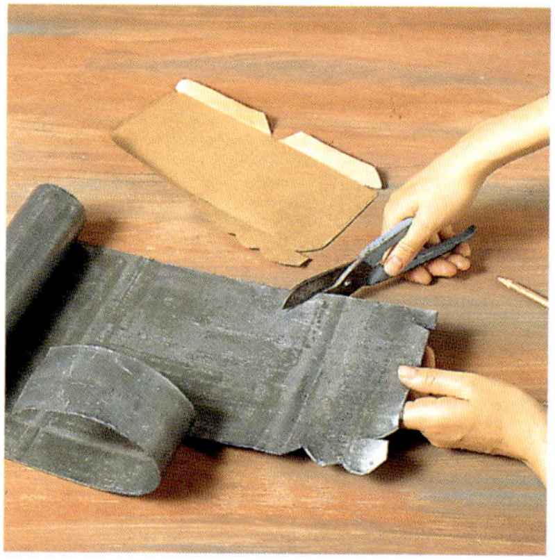

3 Übertragen Sie alles auf ein Stück dünnes Blei, schneiden Sie es mit Blechschere oder Teppichmesser aus. Waschen Sie sich dann die Hände.

4 Halten Sie das Bleidach ans Haus an, und bringen Sie es in Form, indem Sie es mit einem Gummi- oder Holzhammer so lange bearbeiten, bis es seine richtige Paßform hat. Biegen Sie die 12 mm Überstand an den Seiten und hinten um, damit das Dach ganz fest sitzt.

Eine kleine Holzhütte

Diese kleine Hütte ist um eine Holzkiste herumgebaut und hat ein leichtgeneigtes Dach. Man kann fast die dünne Rauchsäule sehen, die aus dem Kamin steigt und sich anmutig in den Himmel kräuselt.

Werkzeuge und Materialien

- Mittelstarkes (6 mm) Kunstfaserbrett oder außen glattes Sperrholz
- Lineal
- Bleistift
- Säge
- Zweige und Äste
- Axt oder kleinformatiger Holzklotzspalter
- Leimpistole und Füllung
- Dunkelgraue Emulsionsfarbe
- Mittelstarker Pinsel
- Bohrer
- Fuchsschwanz
- 100 mm x 12 mm große Wagenschraube
- Moos oder moosbedeckter Ast

1 Zeichnen Sie die Grundform des Hauses auf eine Kunstfaser- oder Sperrholzplatte nach der Vorlage im Anhang. Schneiden Sie die einzelnen Teile aus. Erstellen Sie „Holzpfähle", indem Sie kleine Äste so aufsplitten, daß sie eine flache Seite haben zum Ankleben an die Grundform und eine runde mit Rinde als Außenwand. Kleben Sie die Grundform zusammen, und bemalen Sie sie mit dunkelgrauer Emulsionsfarbe, so daß man die kleinen Löcher zwischen den Balken nicht mehr sieht, wenn die Balken angeklebt sind.

2 Kleben Sie die Pfähle auf die Vorderseite. Schneiden Sie ein rundes Loch mit Bohrer oder Fuchsschwanz durch Balken und Vorderwand.

3 Schneiden Sie ein 12 mm großes Loch ins Dach, und fügen Sie eine Wagenschraube als „Kamin" ein. Gestalten Sie auch die anderen Hauswände, indem Sie die restlichen Balken aufkleben. Lassen Sie die äußersten Dachbalken ein wenig vorstehen. Sägen Sie die Enden der einzelnen Balken an den Ecken der Hütte zurecht. Kleben Sie Moos oder ein moosbedecktes Aststück vor das Eingangsloch als Sitzstange.

Steinhütte mit Strohdach

Die Strohdächer an alten Häusern brachten die Idee zu diesem anmutigen Vogelhäuschen.

WERKZEUGE UND MATERIALIEN

- Mittelstarke (6 mm) Kunstfaserplatte oder außen glattes Sperrholz
- Lineal
- Bleistift
- Säge
- Leimpistole und Füllung
- Bohrer und 6 mm starker Einsatz
- Fuchsschwanz
- Doppelseitiges Klebeband
- Füllmaterial für Außenwände
- Erbsengroße Strandkieselsteine
- Weizenstroh
- Dünner, biegbarer Draht
- Skalpell oder Teppichmesser
- Dünner Maschendraht
- Emulsionsfarbe in Hell- und Dunkelgrau und Burgunderrot
- Mittlere und feine Pinsel
- 3 mm starkes Balsaholz
- Klarlack für den Außenanstrich

1 Zeichnen Sie die Grundformen nach der Vorlage im Anhang auf eine Kunstfaser- oder Sperrholzplatte, schneiden Sie diese aus, und kleben Sie sie zusammen. Machen Sie mit Bohrer oder Fuchsschwanz ein Eingangsloch. Schneiden Sie aus Kunstfaser oder Sperrholz Fenster- und Türstücke aus, und kleben Sie sie zunächst mit doppelseitigem Klebeband auf.

2 Tragen Sie eine dicke Schicht Füllmaterial für Außenwände auf einen kleinen Bereich der Außenwand des Hauses. Drücken Sie die kleinen Kieselsteine in die Oberfläche der Schicht, bis das ganze Haus damit bedeckt ist, außer den Tür-, Fenster- und Dachteilen. Entfernen Sie die nur provisorisch angeklebten „Masken" für Fenster und Tür, um sie dann noch einmal als Vorlage zu benutzen.

3 Formen Sie immer aus etwa 25 Halmen Bündel von Weizenstroh, die Sie mit dünnem Draht zusammenhalten. Kleben Sie diese Bündel auf das Dach des Hauses. Schneiden Sie das Stroh an der Ecken und Rändern zurecht, und hüllen Sie das fertige Dach zur Absicherung mit dünnem Maschendraht ein.

4 Malen Sie die freien Stellen für die Fenster und die Tür hellgrau an. Tragen Sie mit dem feinen Pinsel dunkelgraue Fenstergitter auf. Zeichnen Sie die Fensterform anhand der Vorlagen auf dünnes Balsaholz, schneiden sie Fensterrahmen und -bretter und eine Tür aus. Malen Sie die Tür burgunderrot an. Kleben Sie die Tür- und Fensterteile auf Stand auf. Malen Sie den Sockel dunkelgrau an, überstreichen Sie alle Holzteile und Malereien von außen mit mehreren Schichten Lack.

Rapunzels Turm

Ganz versteckt im Wald gelegen ist dieser romantische Märchenturm schon etwas Besonderes, denn er wurde ganz aus Fundstücken erstellt.

WERKZEUGE UND MATERIALIEN

- Papier für die Vorlagen
- Bleistift
- Gartenbindfaden
- Lineal
- Schere
- Rohr mit 150 mm Durchmesser
- 0,9 mm starkes Stück Kupferblech, 450 x 450 mm groß
- Porzellanmalstift
- Schutzhandschuhe
- Blechschere
- Feile
- Bohrer und 3 mm Einsatz und 6 mm Bohraufsatz zum Schneiden
- Nietendreher und 3 mm große Nieten
- Leimpistole und Füllung
- 0,2 mm starke Kupferfolie, 25 x 50 mm groß
- 65 mm langer Nagel oder Draht
- Zweige

1 Machen Sie eine Papiervorlage für das kegelförmige Dach, um sie um das Rohr zu legen; erstellen Sie 20 mm Überhang, um die Ränder zusammenzufügen. Übertragen Sie mit einem Porzellanmalstift die Vorlage auf ein Stück dünnes Kupfer. Schneiden Sie dieses mit einer Blechschere zurecht (Schutzhandschuhe tragen!). Feilen Sie alle scharfen Kanten ab. Biegen Sie das Kupfer in Kegelform mit einem Überhang, und passen Sie es dem Rohr an.

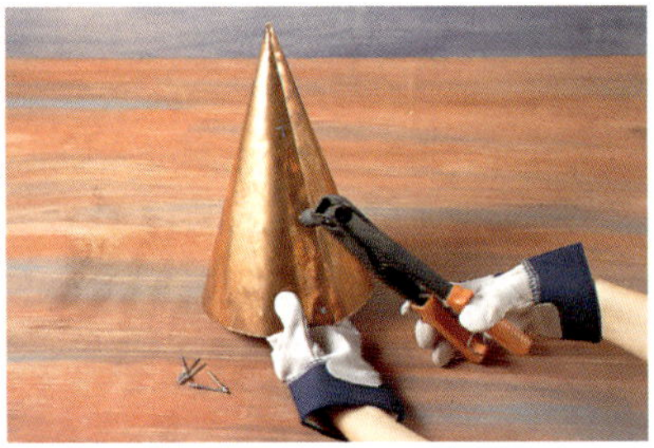

2 Bohren Sie 3 mm große Löcher mit gleichem Abstand durch beide Bereiche des Blechs am Überhang, befestigen Sie diesen mit stumpfen Nieten. Drehen Sie mit dem Nietendreher so lange, bis der Nietenschaft einrastet und den Überhang fest verankert. Kleben Sie den Kegel auf Stand auf das Rohr auf.

3 Erstellen Sie eine wehende Fahne aus einem Stück Kupfer. Schneiden Sie seitlich ein „V" in die Fahne, und biegen Sie die andere Seite um einen Nagel oder Draht, den Sie als Fahnenmast benutzen. Kleben Sie die Fahne auf die Dachspitze.

4 Basteln Sie eine Strickleiter, indem Sie kleine Aststücke in zwei Bindfädenstücke knoten. Schneiden Sie mit der Blechschere ein Eingangsloch ins Rohr, befestigen Sie dort die Leiter.

Vogeltisch in Tempelform

Dieser schmucke Vogeltisch in klassischem Stil, befestigt auf einem Pfosten, im Baum oder an der Hauswand, ist einfach herzustellen.

WERKZEUGE UND MATERIALIEN

- Kunstfaser- oder außen glatte Sperrholzplatte (12 mm) für den Boden
- Kunstfaser- oder außen glatte Sperrholzplatte (6 mm)
- Lineal
- Bleistift
- Säge
- Leimpistole und Füllung
- 8 mit Schrauben versehene Schrankgriffe (30 mm Durchm., 20 mm Höhe)
- 4 Dübel, 120 x 16 mm
- Bohrer und 3 mm großer Einsatz
- Füllmaterial für Außenwände
- Feines Schmirgelpapier
- Mittelstarker Pinsel
- Mattweiße Emulsionsfarbe
- Klarlack für Außenanstrich

1 Zeichnen Sie alle Teile auf, schneiden Sie sie zurecht nach der Vorlage im Anhang. Kleben Sie Boden und Treppenstufen zusammen. Zeichnen Sie die Position der Säulen an den Ecken der obersten Treppenstufe und unten am Dach auf.

2 Kleben Sie die Giebeldreiecke an die Frontseiten der Dachstücke.

3 Kleben Sie beide Dachhälften oben auf die beiden Giebeldreiecke. Achten Sie darauf, daß beide Dachhälften vorne und an den Seiten gleich weit überstehen.

4 Kleben Sie das Schmuckdreieck des Giebels in die Mitte der Vorderseite des Giebels.

5 Kleben Sie die gedrechselten Küchenschrankgriffe auf Stand auf die Markierungen an den Ecken des Bodens und des Daches.

6 Drehen Sie die mit einem Dübel versehenen Säulen in das vorstehende Schraubengewinde der Schrankgriffe. Verfahren Sie beim Dach genauso. Füllen Sie die Lücken mit Füllmaterial für Außenwände, reiben Sie dieses mit feinem Schmirgelpapier ab, bemalen Sie alles mit mattweißer Emulsion, dann mit mehreren Schichten Klarlack für Außenanstrich.

Vorlagen

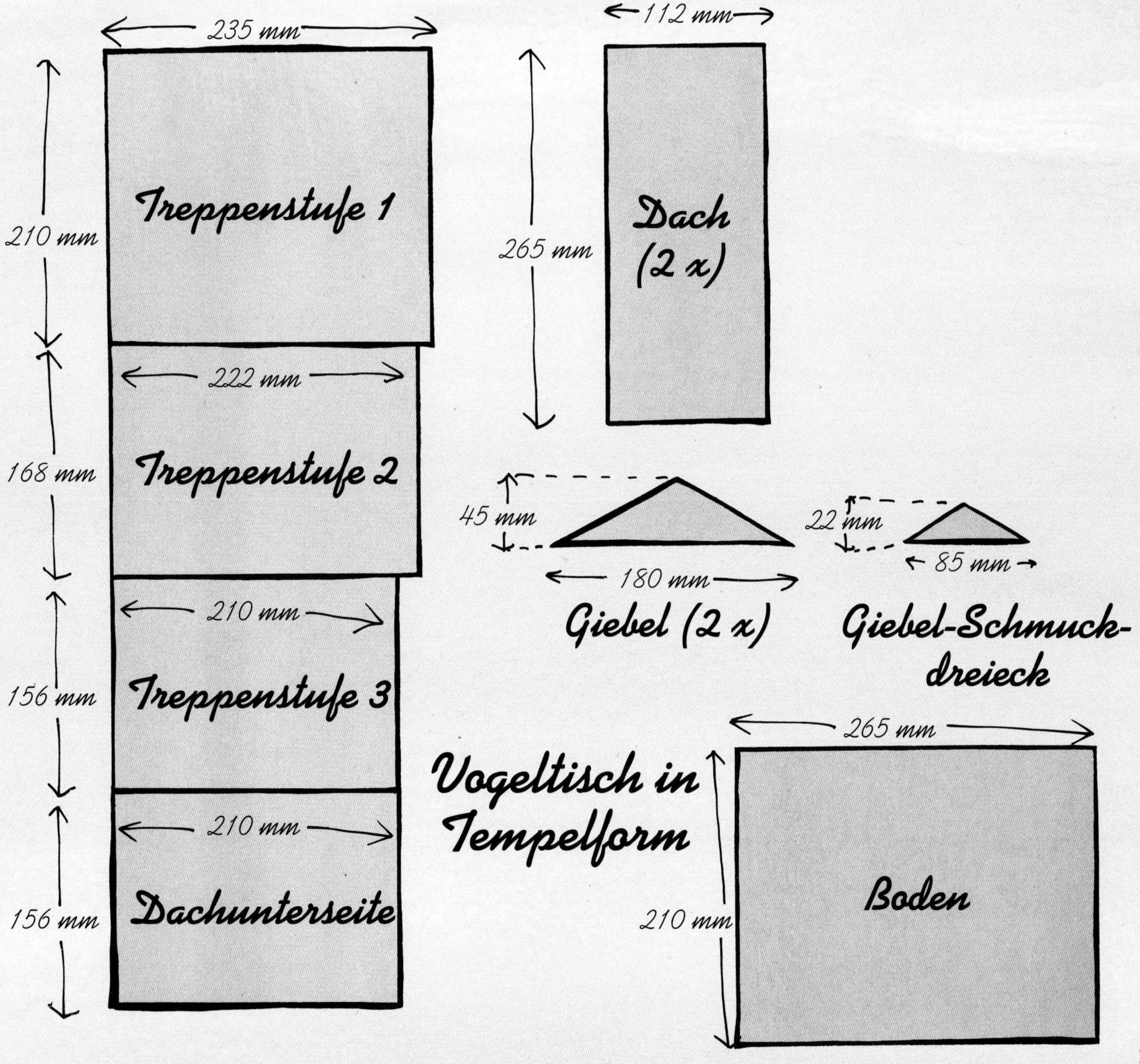
235 mm
210 mm
Treppenstufe 1
222 mm
168 mm
Treppenstufe 2
210 mm
156 mm
Treppenstufe 3
210 mm
156 mm
Dachunterseite
112 mm
265 mm
Dach (2 x)
45 mm
180 mm
Giebel (2 x)
22 mm
85 mm
Giebel-Schmuck-dreieck
Vogeltisch in Tempelform
265 mm
210 mm
Boden

Ein Gänseblümchen-Haus

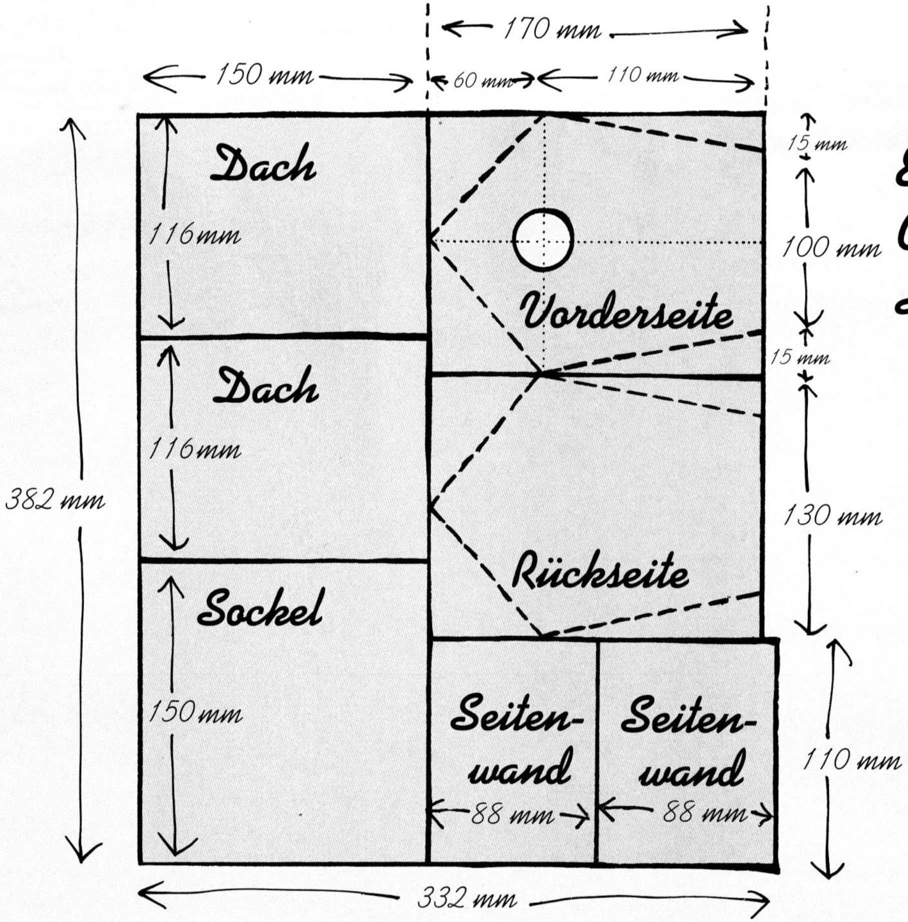

Ein Miniatur-Taubenschlag

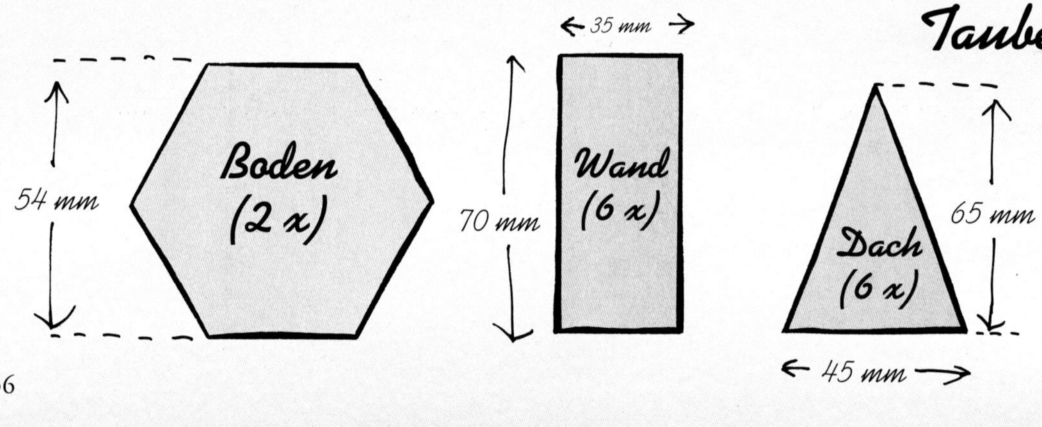

Bunte Strandhütten

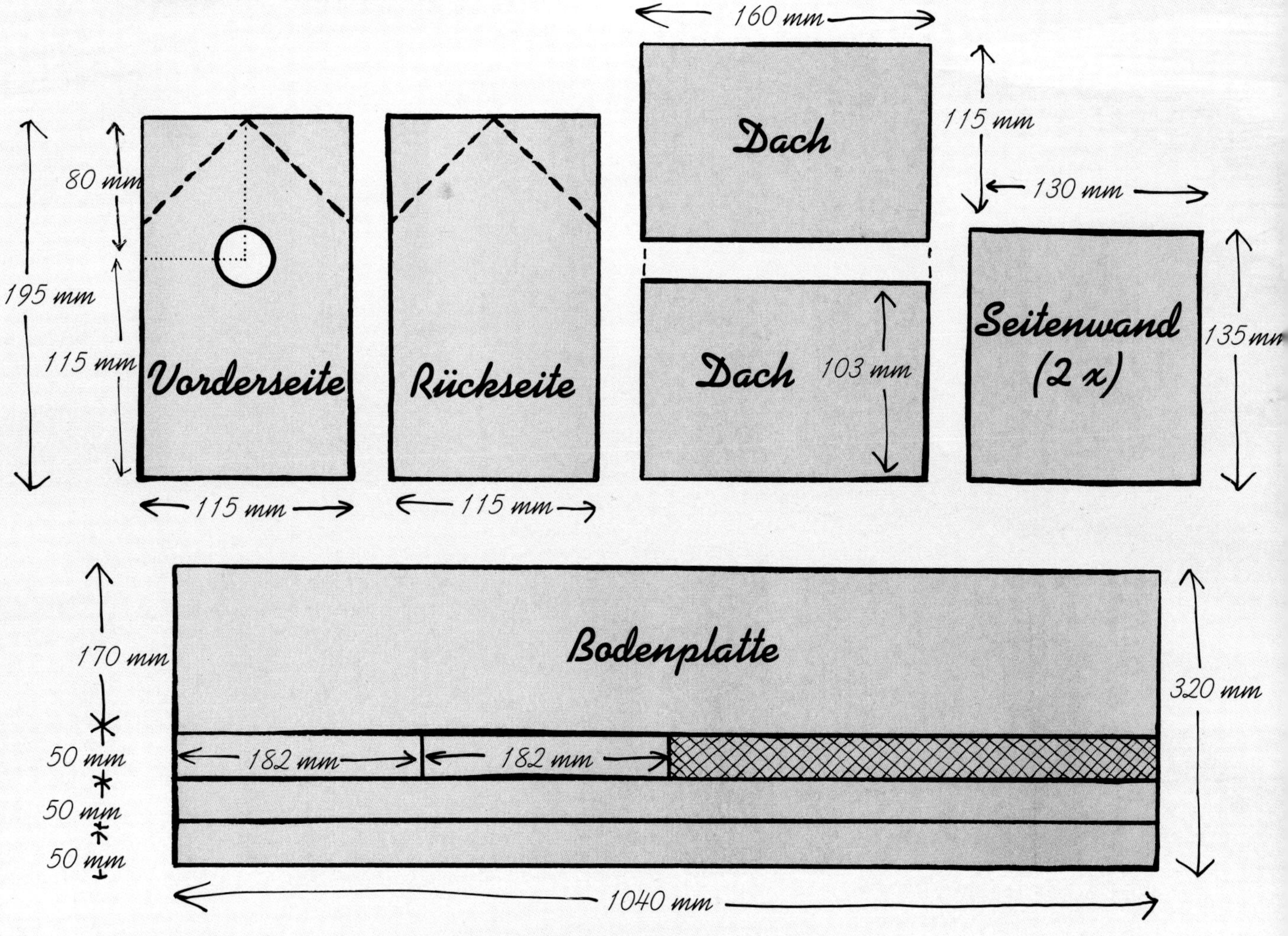

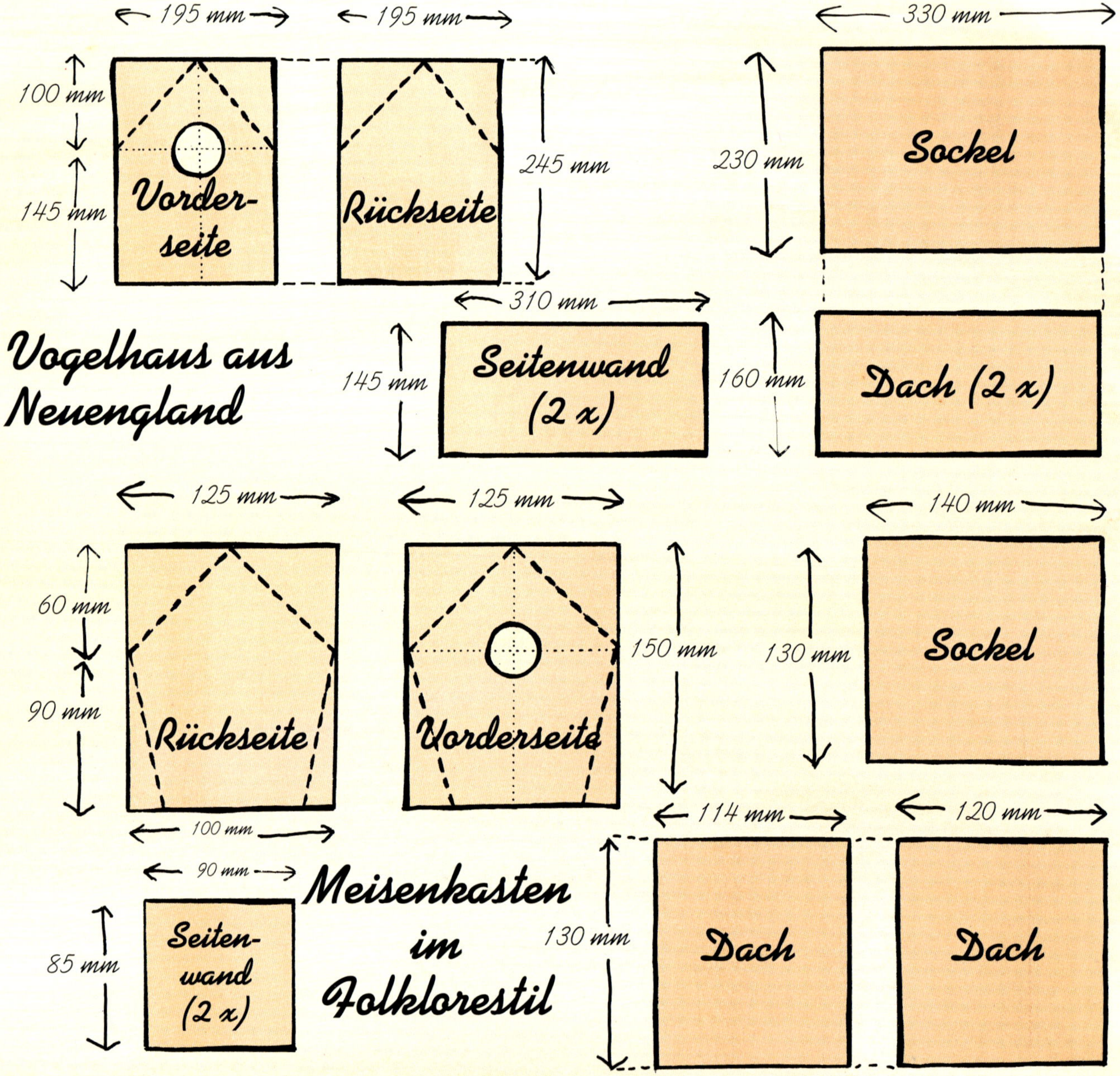
195 mm
195 mm
330 mm
100 mm
145 mm
Vorder-
seite
Rückseite
245 mm
230 mm
Sockel
310 mm
Vogelhaus aus
Neuengland
145 mm
Seitenwand
(2 x)
160 mm
Dach (2 x)
125 mm
125 mm
140 mm
60 mm
90 mm
Rückseite
Vorderseite
150 mm
130 mm
Sockel
100 mm
114 mm
120 mm
90 mm
Meisenkasten
im
Folklorestil
85 mm
Seiten-
wand
(2 x)
130 mm
Dach
Dach

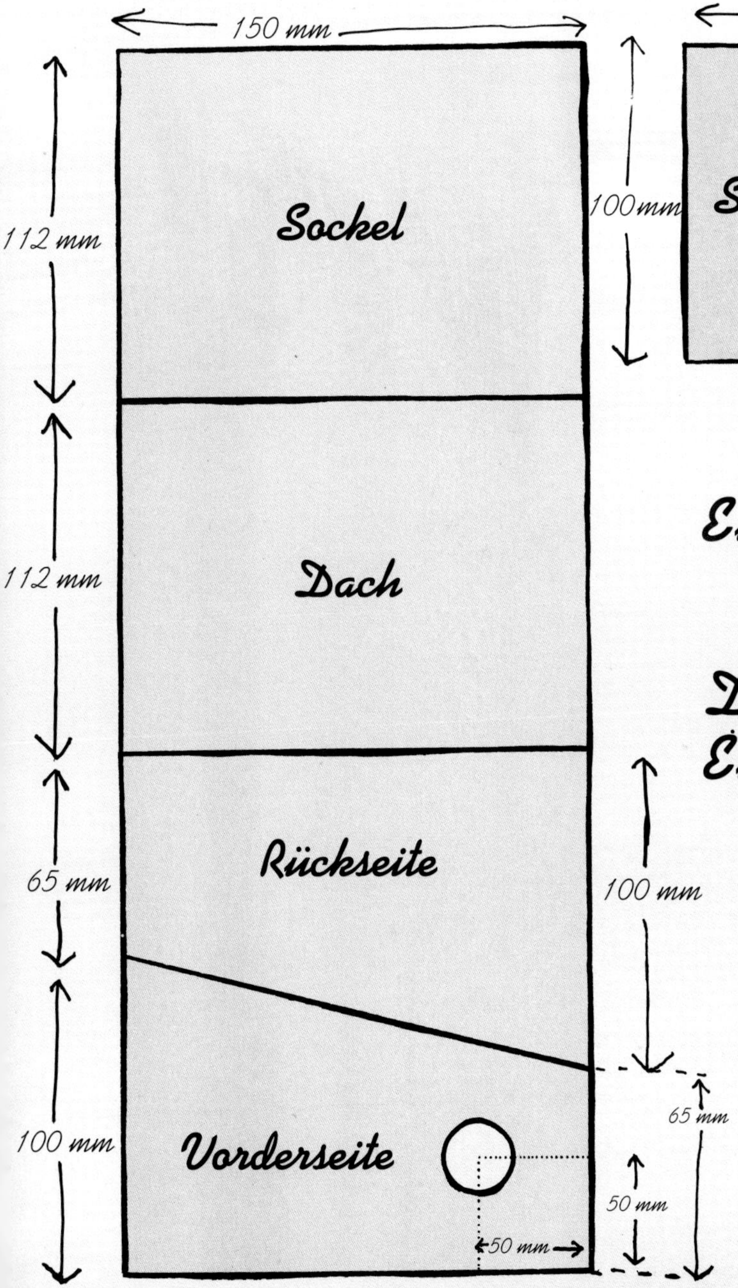

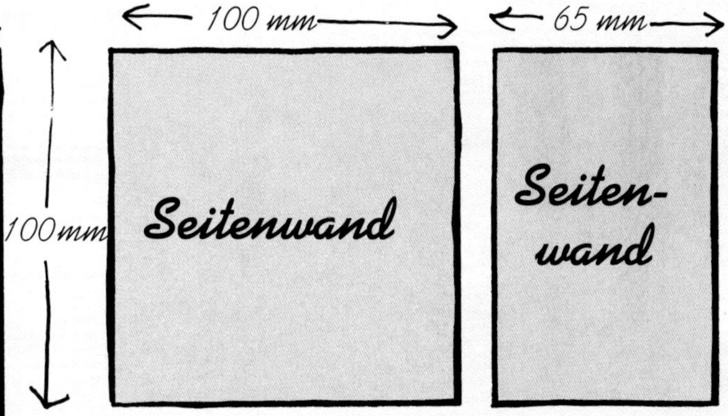

Eine kleine Holzhütte

Dach für:
Ein sicherer Schlupfwinkel

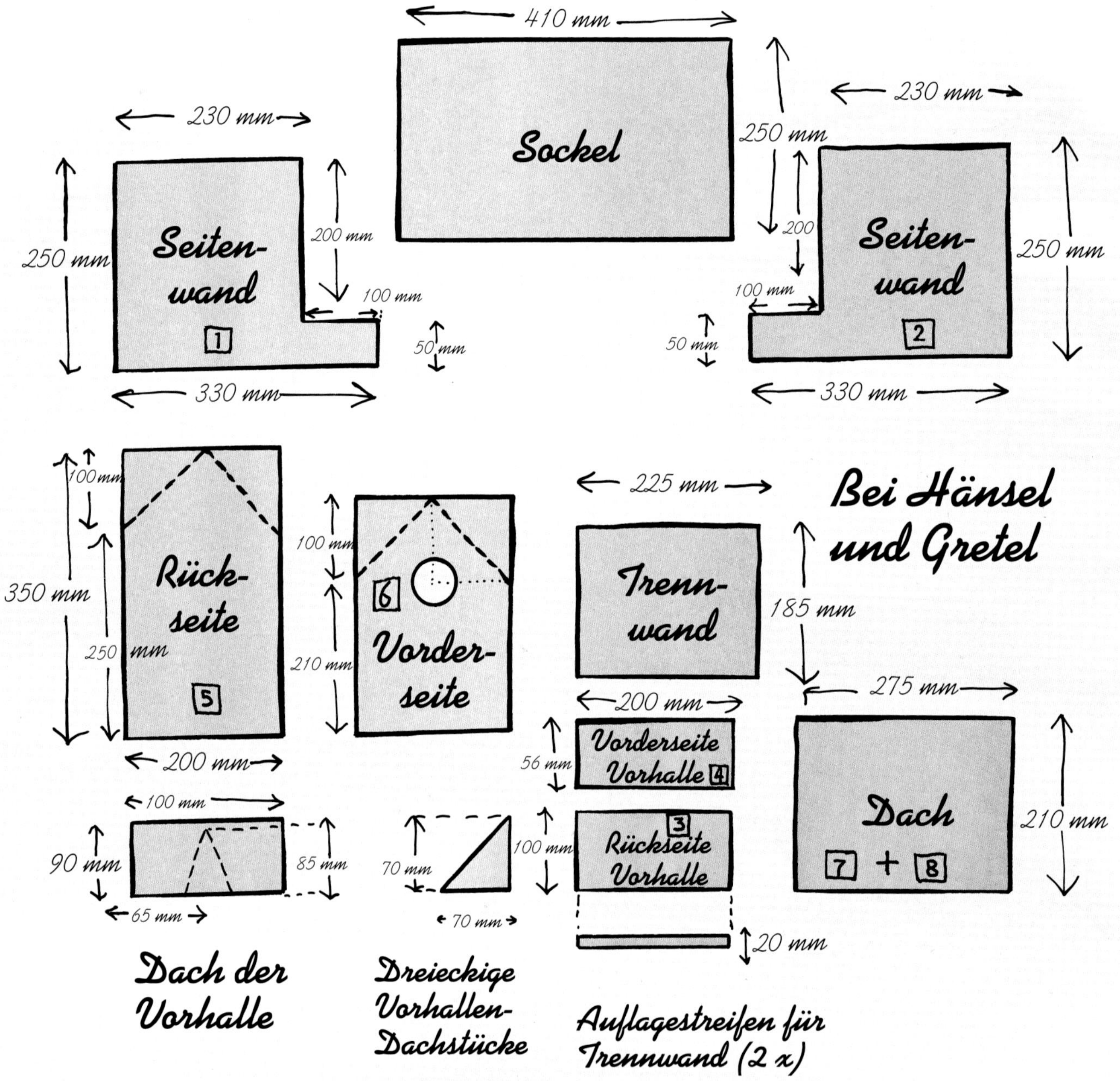
410 mm
Sockel
250 mm
230 mm
250 mm
Seiten-
wand
1
200 mm
100 mm
50 mm
330 mm
230 mm
250 mm
200
Seiten-
wand
2
100 mm
50 mm
250 mm
330 mm
100 mm
350 mm
Rück-
seite
250 mm
5
200 mm
100 mm
6
Vorder-
seite
210 mm
225 mm
Trenn-
wand
185 mm
Bei Hänsel
und Gretel
200 mm
275 mm
56 mm
Vorderseite
Vorhalle 4
100 mm
3
Rückseite
Vorhalle
Dach
7 + 8
210 mm
100 mm
90 mm
85 mm
65 mm
70 mm
70 mm
20 mm
Dach der
Vorhalle
Dreieckige
Vorhallen-
Dachstücke
Auflagestreifen für
Trennwand (2 x)

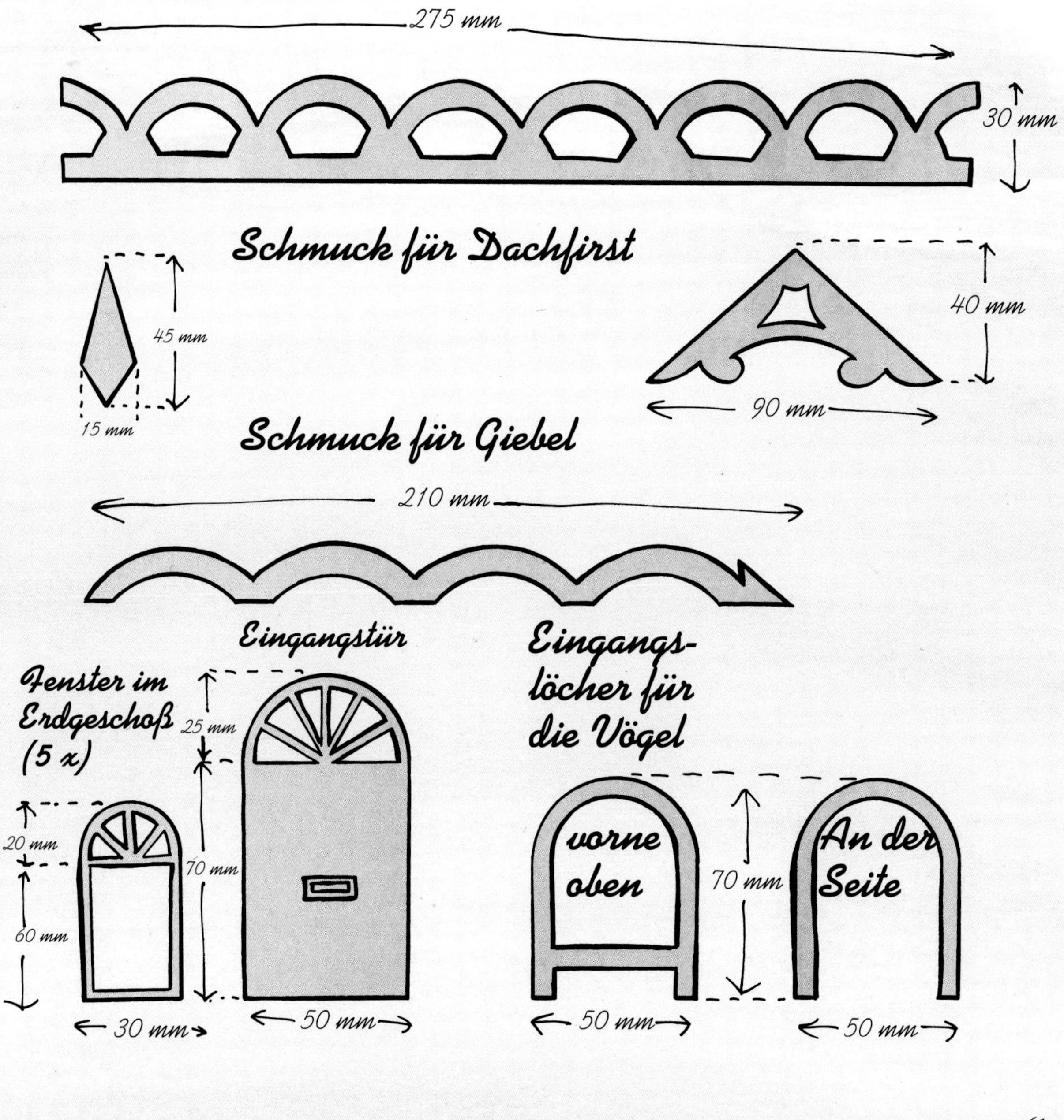
275 mm
30 mm
Schmuck für Dachfirst
45 mm
15 mm
40 mm
90 mm
Schmuck für Giebel
210 mm
Eingangstür
Fenster im Erdgeschoß (5 x)
25 mm
70 mm
20 mm
60 mm
30 mm
50 mm
Eingangslöcher für die Vögel
vorne oben
70 mm
An der Seite
50 mm
50 mm

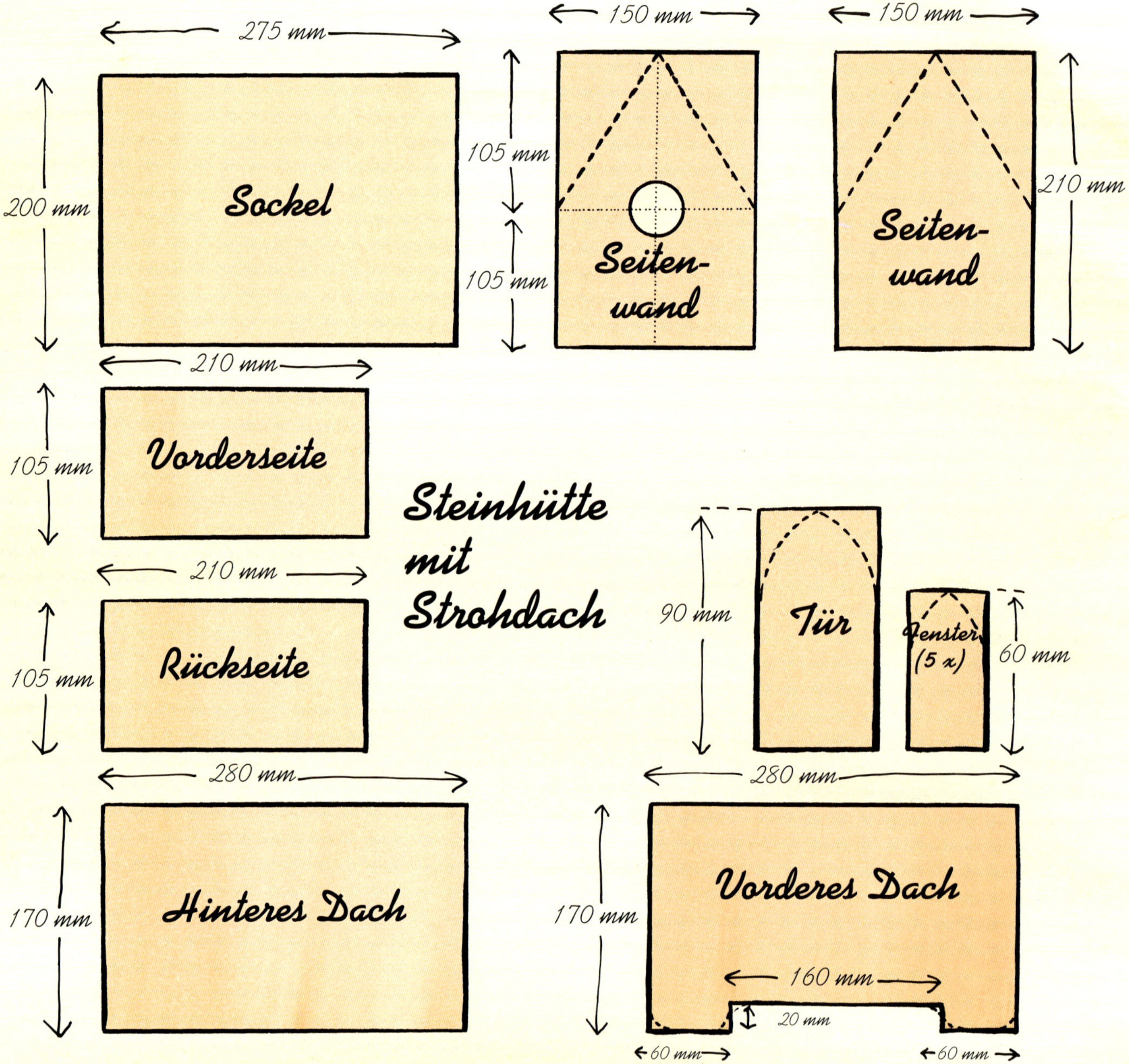
275 mm
200 mm
Sockel
150 mm
105 mm
105 mm
Seitenwand
150 mm
210 mm
Seitenwand
210 mm
105 mm
Vorderseite
Steinhütte mit Strohdach
210 mm
105 mm
Rückseite
90 mm
Tür
Fenster (5 x)
60 mm
280 mm
170 mm
Hinteres Dach
280 mm
170 mm
Vorderes Dach
160 mm
20 mm
60 mm
60 mm

Weitere Informationen

NATUR- UND UMWELTSCHUTZ-ORGANISATIONEN

Deutscher Tierschutzbund
Baumschulalle 15
53115 Bonn
Tel.: 0228/604960
Fax: 0228/6049640

Bund für Umwelt- und Naturschutz Deutschland
Im Rheingarten 7
53225 Bonn
Tel.: 0228/400970
Fax: 0228/4009740

Greenpeace
Große Elbstraße 39
22767 Hamburg
Tel.: 040/306180
Fax:040/30618100

Umweltstiftung Worl Wildlife Fund Deutschland
Hedderichstraße 110
60591 Frankfurt/Main
Tel.: 069/6050030
Fax: 069/617221

Naturschutzbund Deutschland NABU
Herbert-Rabius-Straße 26
53225 Bonn
Tel.: 0228/975610
Fax: 0228/9756190

DANKSAGUNGEN DER AUTOREN

Nachfolgenden Personen danken wir herzlich für die große Unterstützung, die sie uns bei diesem Projekt geleistet haben, vor allem, was technische Tips angeht, sowie für Ratschläge und Hinweise für gute Photomotive:

Dominique Coughlin, die uns den Kontakt mit Carlo Jolly vermittelte, der uns bei den Strandhütten half.
Dave Chitson, von Stilmore Homes, der uns beim Miniatur-Taubenschlag half.
Forsham Cottage Arks für die Leihgabe des Taubenschlages, der Muscheln und des Futtergefäße aus Terrakotta und der anderen Futtergefäße.

Unser Dank geht an den National Trust für die Erlaubnis, in Avebury Manor photographieren zu dürfen, und an Herrn und Frau Dr. Cameron für die Erlaubnis, ihre Scheune und ihren Taubenschlag photographieren zu dürfen.

BILDNACHWEISE

Michelle Garrett: S.11 unten; Habitat: S. 8 oben; Debbie Patterson: S. 14, S. 15 (Designer: Cleo Mussi); Spike Powell: S. 2; Wildbird Foods Ltd: S. 11 oben links und oben rechts.

Register